Use at least 11 of your spelling words in all spelling words used in the story.

Spelling Test

Your Answers	**Correct Spelling If Incorrect**
1.	1.
2.	2.
3.	3.
4.	4.
5.	5.
6.	6.
7.	7.
8.	8.
9.	9.
10.	10.
11.	11.
12.	12.
13.	13.
14.	14.
15.	15.
16.	16.
17.	17.
18.	18.
19.	19.
20.	20.

Extra Credit Spelling Words Scramble

Name: _____

Date: _____

Let's put your puzzle solving skills to the test. Try unscrambling the words using the words in the box.

allay	adage	annul	apex	artisan	allure
assess	absolute	assertive	ardor	automation	adept
affront	auditory	axiom	atrocious		

uelatsbo   _ _ _ o l _ _ _   9. dorar   _ _ _ o _

aaged   a _ _ _ _   10. snratai   _ r _ i _ _ _

etpda   _ _ _ p _   11. vsesteiar   _ s _ e _ _ _ _ _

aofnrtf   _ f _ _ o _ _   12. sseass   _ _ s e _ _

llaya   _ l _ _ _   13. itaocosru   _ t _ o _ _ _ _ _

ullera   a _ _ _ r _   14. udyiotra   _ _ _ _ _ o _ y

ulnan   a _ _ _ _   15. ouamttanoi _ _ t _ m _ _ _ _ n

exap   _ p _ _   16. ixoam   _ _ i _ _

Write sentences using words from above:

_____

_____

_____

Use at least 9 of your spelling words in a short creative story. Underline all spelling words used in the story.

Spelling Test

	Your Answers		**Correct Spelling If Incorrect**
1		1	
2		2	
3		3	
4		4	
5		5	
6		6	
7		7	
8		8	
9		9	
10		10	
11		11	
12		12	
13		13	
14		14	
15		15	
16		16	
17		17	
18		18	
19		19	
20		20	

Extra Credit Spelling Words Scramble

Name: _____

Date: _____

Let's put your puzzle solving skills to the test. Try unscrambling the words using the words in the box.

bedlam	benefactor	betroth	belated	brandish	belie
bland	befall	bogus	bolster	bevy	bauble
boisterous	bane	banter	bevel		

bnae   _ _ _ e   9. ttebhro   _ e _ _ _ t _

brenta   _ _ n _ _ r   10. evble   _ _ _ e _

ueabbl   _ _ _ b l _   11. veby   _ e _ _

lbemda   _ _ _ l a _   12. abdln   _ _ _ _ d

laflbe   b _ _ a _ _   13. sguob   _ _ _ _ s

tableed   _ _ l a _ _ _   14. otisouesbr   _ _ _ s _ _ _ o _ s

eibel   b _ _ _ _   15. obtelsr   b _ _ _ t _ _

oneecaortf   _ e _ _ _ _ c _ o _   16. ainbdhsr   _ _ a _ _ _ _ h

Write sentences using words from above:

_____

_____

_____

Use at least 14 of your spelling words in a short creative story. Underline all spelling words used in the story.

Spelling Test

Your Answers	**Correct Spelling If Incorrect**
1	1
2	2
3	3
4	4
5	5
6	6
7	7
8	8
9	9
10	10
11	11
12	12
13	13
14	14
15	15
16	16
17	17
18	18
19	19
20	20

Extra Credit Spelling Words Scramble

Name: _____

Date: _____

Let's put your puzzle solving skills to the test. Try unscrambling the words using the words in the box.

consolidate	creditor	cosmic	cull	courier	component
crypt	confound	cryptic	crucial	curtail	curvature
concept	convulsion	conclusive	cynical		

opcmnteon   _ _ _ _ o _ e _ _   9. cierortd   _ _ e d _ _ _ _

ncetcop   _ _ _ _ e p _   10. icclaur   _ _ _ _ i _ l

nuvcescoil   _ _ _ _ _ _ s i _ e   11. trcyp   c _ _ _ _

oondfncu   _ _ _ f _ u _ _   12. cpyirct   c _ _ _ t _ _

iloantecsdo   _ o n _ _ _ _ d _ _ _   13. lucl   _ _ l _

oousnnciv   _ _ n v _ _ _ _ o _   14. trulaci   c _ r _ _ _ _

msicoc   _ _ _ _ i c   15. ctrueurav _ _ _ v _ _ _ r _

eriuoc   _ _ u _ _ e _   16. acylnic   _ _ _ _ c a _

Write sentences using words from above:

_____

_____

_____

Use at least 7 of your spelling words in a short creative story. Underline all spelling words used in the story.

Spelling Test

	Your Answers		**Correct Spelling If Incorrect**
1		1	
2		2	
3		3	
4		4	
5		5	
6		6	
7		7	
8		8	
9		9	
10		10	
11		11	
12		12	
13		13	
14		14	
15		15	
16		16	
17		17	
18		18	
19		19	
20		20	

Extra Credit Spelling Words Scramble

Name: _____

Date: _____

Let's put your puzzle solving skills to the test. Try unscrambling the words using the words in the box.

dilemma	defile	daunt	diligent	deity	debutante
delve	deflation	default	dirge	dialect	debit
deft	dilate	dignitary	deficient		

nuadt   _ a _ _ _   9. idyte   d _ _ _ _

idbet   d _ _ _ _   10. eevdl   _ e _ _ _

adeeutntb   _ _ b _ _ _ _ t _   11. talecdi   _ _ a l _ _ _

dleaftu   d _ _ _ _ l _   12. gtniayird   d _ _ _ _ _ a _ _

niftidcee   _ _ _ _ _ _ e _ t   13. ltidea   _ _ l _ _ e

deelf   _ _ f _ l _   14. mdaeiml   _ _ l _ _ _ a

altnedifo   d e _ _ _ _ _ _ _   15. nleigdit   d _ _ i _ _ _ _

etfd   _ _ _ t   16. egdri   _ _ _ g _

Write sentences using words from above:

_____

_____

Use at least 8 of your spelling words in a short creative story. Underline all spelling words used in the story.

Spelling Test

	Your Answers
1	
2	
3	
4	
5	
6	
7	
8	
9	
10	
11	
12	
13	
14	
15	
16	
17	
18	
19	
20	

	Correct Spelling If Incorrect
1	
2	
3	
4	
5	
6	
7	
8	
9	
10	
11	
12	
13	
14	
15	
16	
17	
18	
19	
20	

Extra Credit Spelling Words Scramble

Name: _____

Date: _____

Let's put your puzzle solving skills to the test. Try unscrambling the words using the words in the box.

evaluate	enhance	enlighten	enrapture	emit	embellish
embryo	esteem	ensemble	eradicate	eloquent	enunciate
emboss	elongate	ethical	enthrall		

Intgeoae   _ _ o _ g _ _ _   9. etnuraerp   _ n _ _ _ _ u _ _

uqlneeot   _ l _ _ _ _ n _   10. bneslmee   e _ _ _ m _ _ _

ibhmlelse   _ m b _ _ _ _ _ _   11. tlhalrne   e n _ _ _ _ _ _

sbosem   e _ _ _ s _   12. nitaueecn   _ n _ _ _ _ _ t _

ymrbeo   _ m _ _ y _   13. adarictee   _ _ _ d _ c _ _ _

meti   _ _ _ t   14. etesme   _ _ t _ e _

nchenae   _ n h _ _ _ _   15. tihelca   e _ _ i _ _ _

itenlegh   _ n _ _ _ t _ _   16. eutaavel   _ _ _ _ u _ t _

Write sentences using words from above:

_____

_____

Use at least 12 of your spelling words in a short creative story. Underline all spelling words used in the story.

Spelling Test

	Your Answers		Correct Spelling If Incorrect
1		1	
2		2	
3		3	
4		4	
5		5	
6		6	
7		7	
8		8	
9		9	
10		10	
11		11	
12		12	
13		13	
14		14	
15		15	
16		16	
17		17	
18		18	
19		19	
20		20	

Extra Credit Spelling Words Scramble

Name: _____

Date: _____

Let's put your puzzle solving skills to the test. Try unscrambling the words using the words in the box.

formulate	focal	furtive	flaunt	finale	fraught
flange	folio	foible	frivolous	forum	fictitious
flail	frustrate	feign	ferret		

1. fnieg   _ _ _ _ n   9. liobfe   _ _ i b _ _

2. ferrte   f _ _ _ _ t   10. ifolo   _ o _ _ _

3. fusctitiio   f i _ _ _ _ i _ _ _   11. utamoefrl   _ o _ _ _ _ _ t _

4. lifnea   f _ _ a _ _   12. roufm   _ _ r _ _

5. filal   _ _ _ i _   13. tahrfug   _ _ _ u _ _ t

6. eganfl   _ l a _ _ _   14. iofuvlrso   _ _ i _ o _ _ _ _

7. aultf   _ l _ _ _ t   15. freautsrt   f _ _ _ _ r _ _ _

8. oclfa   _ _ _ _ l   16. fretvui   _ _ _ t _ v _

Write sentences using words from above:

_____

_____

_____

Use at least 10 of your spelling words in a short creative story. Underline all spelling words used in the story.

Spelling Test

	Your Answers		Correct Spelling If Incorrect
1		1	
2		2	
3		3	
4		4	
5		5	
6		6	
7		7	
8		8	
9		9	
10		10	
11		11	
12		12	
13		13	
14		14	
15		15	
16		16	
17		17	
18		18	
19		19	
20		20	

Extra Credit Spelling Words Scramble

Name: _____

Date: _____

Let's put your puzzle solving skills to the test. Try unscrambling the words using the words in the box.

heirloom	helpless	gore	glean	glutton	havoc
glaze	glib	guerrilla	gratify	hapless	hoax
granulate	grovel	humbug	grotesque		

1. elzag   _ _ _ _ e   9. glreov   _ r _ _ _ l

2. naelg   _ _ _ a _   10. irreglual   g _ _ r _ _ _ _

3. lbg   _ l _ _   11. hsepsla   _ a _ _ e _ _

4. utnolgt   g _ u _ _ _ _   12. ovcah   _ _ v _ _

5. goer   _ _ r _   13. eolhoirm   _ e _ _ l _ _ _

6. etragulan   g _ _ _ _ _ _ _ e   14. lsspleeh   _ _ l p _ _ _ _

7. agyfit   _ _ _ _ i _ y   15. xhao   _ _ _ x

8. etusqgroe   _ _ _ _ e s _ _ _   16. gbumhu   _ u m _ _ _

Write sentences using words from above:

_____

_____

_____

Use at least 5 of your spelling words in a short creative story. Underline all spelling words used in the story.

Spelling Test

Your Answers	Correct Spelling If Incorrect
1	1
2	2
3	3
4	4
5	5
6	6
7	7
8	8
9	9
10	10
11	11
12	12
13	13
14	14
15	15
16	16
17	17
18	18
19	19
20	20

Extra Credit Spelling Words Scramble

Name: _____
Date: _____

Let's put your puzzle solving skills to the test. Try unscrambling the words using the words in the box.

inert	induce	ire	incision	inkling	inevitable
infernal	inclusive	incriminate	invoke	intuition	indisposed
inclination	irony	infidel	infatuate		

1. snioinc   _ _ _ i s _ _ _   9. ttuafnaie   _ _ _ _ t _ a _ _
2. nilaicnton   i _ _ _ _ _ _ _ t _ o _ 10. lnanrife   _ _ _ e r _ _ _
3. viucsnel   _ _ _ _ _ s _ v _   11. iflenid   _ _ f _ d _ _
4. iteancmirn   _ _ c r _ _ _ _ a _ _   12. liingkn   _ _ k l _ _ _
5. edpisnisod   _ _ d _ _ _ _ _ e d   13. utitniino   _ _ _ u _ _ i _ _
6. cuenid   i _ _ _ c _   14. vionke   i n _ _ _ _
7. rnei   _ _ _ _ t   15. ier   _ _ e
8. bvaieine   _ n _ _ i _ _ b _ _   16. yrnoi   _ _ _ _ y

Write sentences using words from above:

_____
_____
_____

Use at least 16 of your spelling words in a short creative story. Underline all spelling words used in the story.

Spelling Test

	Your Answers		Correct Spelling If Incorrect
1		1	
2		2	
3		3	
4		4	
5		5	
6		6	
7		7	
8		8	
9		9	
10		10	
11		11	
12		12	
13		13	
14		14	
15		15	
16		16	
17		17	
18		18	
19		19	
20		20	

Use at least 14 of your spelling words in a short creative story. Underline all spelling words used in the story.

Extra Credit Spelling Words Scramble

Name: _____

Date: _____

's put your puzzle solving skills to the test. Try unscrambling the words using the words in the box.

mire	language	manor	mediocre	lateral	magnitude
mainstay	malady	maul	maternal	medley	martial
linear	legacy	listless	liquidate		

nalgaueg　　　_ _ n g _ _ _ _　　9. ldyaam　　m a _ _ _ _

arlteal　　　_ _ _ _ r _ l　　10. omnar　　_ _ _ o _

yacgel　　　_ _ g a _ _　　11. lariatm　　_ _ r _ i _ _

raline　　　_ i n _ _ _　　12. laernatm　　m _ _ e _ _ _ _

etiqdaui　　l _ _ _ _ _ a _ _　　13. auml　　_ _ _ l

slsestil　　　_ i _ _ _ _ s _　　14. ecmerodi　　_ _ _ _ o _ r _

gmdutiae　　m a _ _ _ _ _ _ _　　15. elemyd　　_ _ _ l _ y

imntsaa　　m _ i _ _ _ _ _　　16. iemr　　_ i _ _

e sentences using words from above:

_____

_____

_____

Use at least 17 of your spelling words in a short creative story. Underline all spelling words used in the story.

Extra Credit Spelling Words Scramble

Name: _____

Date: _____

Let's put your puzzle solving skills to the test. Try unscrambling the words using the words in the box.

pliable	oblivion	obituary	negotiate	nucleus	obscene
ordinance	organic	piteous	passive	oblique	oratory
paternal	parry	obtuse	opaque		

1. agetionet   n _ _ o _ _ _ _ _   9. taoyror   _ r _ _ o _ _

2. uulncse   _ _ c _ e _ _   10. nadnirceo   _ _ d _ _ a _ _ _

3. buryiato   _ _ i _ u _ _ _   11. rcnogai   _ r _ _ n _ _

4. eibuolq   o _ _ _ q _ _   12. yaprr   p _ _ _ _

5. loobiinv   _ _ _ i _ _ _ n   13. vesspai   _ _ _ _ i _ e

6. beonces   _ b _ _ e _ _   14. atnrealp   _ a _ _ _ _ _ l

7. otsueb   _ _ _ u s _   15. poiuets   _ _ _ e o _ _

8. poeuqa   o p _ _ _ _   16. bllieap   _ l _ _ _ l _

Write sentences using words from above:

_____

_____

_____

Use at least 5 of your spelling words in a short creative story. Underline all spelling words used in the story.

Spelling Test

	Your Answers		Correct Spelling If Incorrect
1		1	
2		2	
3		3	
4		4	
5		5	
6		6	
7		7	
8		8	
9		9	
10		10	
11		11	
12		12	
13		13	
14		14	
15		15	
16		16	
17		17	
18		18	
19		19	
20		20	

Use at least 7 of your spelling words in a short creative story. Underline all spelling words used in the story.

Spelling Test

Your Answers	Correct Spelling If Incorrect
1.	1.
2.	2.
3.	3.
4.	4.
5.	5.
6.	6.
7.	7.
8.	8.
9.	9.
10.	10.
11.	11.
12.	12.
13.	13.
14.	14.
15.	15.
16.	16.
17.	17.
18.	18.
19.	19.
20.	20.

Use at least 12 of your spelling words in a short creative story. Underline all spelling words used in the story.

Extra Credit Spelling Words Scramble

Name: _____

Date: _____

et's put your puzzle solving skills to the test. Try unscrambling the words using the words in the box.

proficient	providence	populate	pregnant	portal	portly
profess	premature	preoccupy	prevalent	prudent	prestige
provincial	prose	prelude	precinct		

. leautopp   _ o _ _ l _ _ _   9. gtpesrei   p _ _ _ _ _ g _

. arpotl   p _ r _ _ _   10. npevaltre   _ _ _ v _ _ _ n _

. rlpoty   _ o _ _ _ y   11. roespsf   _ r _ _ _ s _

. ncicretp   _ _ e c _ _ _ _   12. pcfotineri   _ _ o f _ _ _ _ n _

. neatgnrp   p _ _ g _ _ _ _   13. srpoe   p _ _ _ _

. eulperd   _ _ _ l _ d _   14. oidcvrpene   _ r _ _ _ d _ _ c _

. rpruemeat   p _ _ m _ _ _ _ _   15. cpvarilino   _ r o _ _ n _ _ _ _

. coupcpeyr   p _ _ _ _ _ _ p _   16. nepudrt   _ _ _ d e _ _

rite sentences using words from above:

_____

_____

_____

Use at least 10 of your spelling words in a short creative story. Underline all spelling words used in the story.

Spelling Test

Your Answers	Correct Spelling If Incorrect
1.	1.
2.	2.
3.	3.
4.	4.
5.	5.
6.	6.
7.	7.
8.	8.
9.	9.
10.	10.
11.	11.
12.	12.
13.	13.
14.	14.
15.	15.
16.	16.
17.	17.
18.	18.
19.	19.
20.	20.

Use at least 8 of your spelling words in a short creative story. Underline all spelling words used in the story.

Extra Credit Spelling Words Scramble

Name: _____

Date: _____

Let's put your puzzle solving skills to the test. Try unscrambling the words using the words in the box.

ravenous	renovate	radiate	qualm	ratify	rebuff
revel	quell	rational	rectify	reconcile	reorganize
readjust	ravish	rend	radical		

1. alqmu   _ _ a _ _
2. eqllu   _ _ _ _ l
3. ateaird   _ _ _ i a _ _
4. rldaiac   _ _ _ _ c a _
5. yifart   _ a t _ _ _
6. inltaoar   r _ _ _ _ n _ _
7. asnevuor   _ _ _ e n _ _ _
8. svahir   r _ _ i _ _

9. edusjtra   _ _ a d _ _ _ _
10. breuff   _ _ b _ _ f
11. eeclncior   _ _ _ _ _ _ i l _
12. yrtfice   _ _ c _ _ f _
13. dnre   _ _ n _
14. neetvaor   _ _ _ o _ a _ _
15. engzorirae   _ e _ r _ _ n _ _ _
16. eevlr   _ _ _ e _

Write sentences using words from above:

_____

_____

_____

Use at least 13 of your spelling words in a short creative story. Underline all spelling words used in the story.

Spelling Test

Your Answers	Correct Spelling If Incorrect
1	1
2	2
3	3
4	4
5	5
6	6
7	7
8	8
9	9
10	10
11	11
12	12
13	13
14	14
15	15
16	16
17	17
18	18
19	19
20	20

Use at least 11 of your spelling words in a short creative story. Underline all spelling words used in the story.

Spelling Test

Your Answers	Correct Spelling If Incorrect
1.	1.
2.	2.
3.	3.
4.	4.
5.	5.
6.	6.
7.	7.
8.	8.
9.	9.
10.	10.
11.	11.
12.	12.
13.	13.
14.	14.
15.	15.
16.	16.
17.	17.
18.	18.
19.	19.
20.	20.

Use at least 9 of your spelling words in a short creative story. Underline all spelling words used in the story.

Extra Credit Spelling Words Scramble

Name: _____

Date: _____

Let's put your puzzle solving skills to the test. Try unscrambling the words using the words in the box.

sector	segment	sediment	scope	smelt	scrutinize
saturate	slothful	solitude	skirmish	satire	scrimmage
sodden	secluded	sear	sally		

1. lasyl   _ _ _ l _   9. etosrc   s _ _ _ _ r

2. tseria   _ a t _ _ _   10. smietnde   s _ _ _ _ e _ _

3. eurtaast   _ _ _ u _ _ _ e   11. smneegt   _ e _ m _ _ _

4. sepco   _ _ _ _ e   12. mskrisih   _ _ _ _ _ i _ h

5. immgseacr   _ _ r _ _ _ a _ _   13. sutohfll   _ _ _ t _ _ _ l

6. ircsietzun   _ _ _ u _ _ _ _ z e   14. lsemt   _ m _ _ _

7. esra   _ e _ _   15. oendsd   s _ _ d _ _

8. edsudlec   _ _ _ _ u _ _ d   16. osdeuitl   _ o _ i _ _ _ _

Write sentences using words from above:

_____

_____

_____

Use at least 15 of your spelling words in a short creative story. Underline all spelling words used in the story.

Use at least 11 of your spelling words in a short creative story. Underline all spelling words used in the story.

Extra Credit Spelling Words Scramble

Name: _____

Date: _____

Let's put your puzzle solving skills to the test. Try unscrambling the words using the words in the box.

temperance	torrid	transpose	timely	tantalize	tart
tier	tolerable	tabulate	tawdry	taint	transcribe
tangent	torso	tributary	theorem		

1. luatbate   t _ _ _ _ _ _ e   9. reti   _ _ e _

2. inatt   _ _ i _ _   10. ltyemi   t _ m _ _ _

3. ttengan   _ _ _ _ e _ t   11. alteerbol   _ _ l _ _ a _ _ _

4. tailtnzae   t _ _ t _ _ _ _ _   12. doirrt   _ _ _ _ i d

5. ttar   t _ _   13. rosto   _ _ r _ _

6. tyrwad   _ a _ d _ _   14. esbiractnr _ r _ n _ _ _ i _ _

7. mretepaecn   _ _ m p _ _ _ n _ _   15. aressotnp   t _ _ n _ _ _ _ _

8. eeohrtm   _ h _ _ _ e _   16. aryrutbti   _ _ i _ _ _ a _ _

Write sentences using words from above:

_____

_____

_____

Use at least 9 of your spelling words in a short creative story. Underline all spelling words used in the story.

Extra Credit Spelling Words Scramble

Name: _____

Date: _____

Let's put your puzzle solving skills to the test. Try unscrambling the words using the words in the box.

visualize	wan	usage	ultimatum	variable	wend
vigil	unify	waif	uncouth	urban	unkempt
vitality	vigilant	ultimate	unerring		

1. mattleiu   _ _ t _ _ _ t _   9. ebiaravl   _ _ _ _ _ _ l e

2. uimtltmua   _ l _ _ _ _ t _ _   10. vilgi   _ i _ _ _

3. unucoth   _ _ _ o u _ _   11. iagilntv   v _ g _ _ _ _ _

4. rnnurgei   _ _ _ _ r i _ _   12. liuizasev   _ i s _ _ _ _ _ _

5. nifuy   _ _ _ f _   13. iiaylvtt   _ _ _ _ l i _ _

6. mutpekn   _ _ _ _ _ p t   14. aiwf   w _ _ _

7. unarb   _ r _ _ _   15. naw   w _ _

8. sgaeu   _ s _ _ _   16. enwd   _ _ n _

Write sentences using words from above:

_____

_____

_____

Use at least 14 of your spelling words in a short creative story. Underline all spelling words used in the story.

Spelling Test

	Your Answers		Correct Spelling If Incorrect
1		1	
2		2	
3		3	
4		4	
5		5	
6		6	
7		7	
8		8	
9		9	
10		10	
11		11	
12		12	
13		13	
14		14	
15		15	
16		16	
17		17	
18		18	
19		19	
20		20	

Semester Planner

Week	Monday	Tuesday	Wednesday	Thursday	Friday
1					
2					
3					
4					
5					
6					
7					
8					
9					
10					
11					
12					
13					
14					
15					
16					
17					
18					

Notes

Class: _____

		Week:					Week:					Week:					Week:				
Day		M	T	W	Th	F	M	T	W	Th	F	M	T	W	Th	F	M	T	W	Th	F
Date																					
Assignments																					
Name																					
	1																				
	2																				
	3																				
	4																				
	5																				
	6																				
	7																				
	8																				
	9																				
	10																				
	11																				
	12																				
	13																				
	14																				
	15																				
	16																				
	17																				
	18																				
	19																				
	20																				
	21																				
	22																				
	23																				
	24																				
	25																				
	26																				
	27																				
	28																				
	29																				
	30																				
	31																				
	32																				

Semester Planner

Week	Monday	Tuesday	Wednesday	Thursday	Friday
1					
2					
3					
4					
5					
6					
7					
8					
9					
10					
11					
12					
13					
14					
15					
16					
17					
18					

Notes

Class: _____

		Week:					Week:					Week:					Week:				
Day		M	T	W	Th	F	M	T	W	Th	F	M	T	W	Th	F	M	T	W	Th	F
Date																					
Assignments																					
Name																					
	1																				
	2																				
	3																				
	4																				
	5																				
	6																				
	7																				
	8																				
	9																				
	10																				
	11																				
	12																				
	13																				
	14																				
	15																				
	16																				
	17																				
	18																				
	19																				
	20																				
	21																				
	22																				
	23																				
	24																				
	25																				
	26																				
	27																				
	28																				
	29																				
	30																				
	31																				
	32																				